NTSUM QOOB THAO SOCIETY

Paoze Thao   Thawj Tswjfwm

Peter Xaipha Thao   Teev Ntawv

Arts designed by Peter Xaipha Thao
Arts illustrated by Peter Xaipha Thao
Cover designed by Khoua Thao
Format by Khoua Thao
Interior photos by Khoua Thao
Editing contributor: Peter Xaipha Thao, Vu Thao
Cover photo courtesy of Kham Moua

Cov Lug Qha

Lug Ntawm: Peter Xaipha Thao

Koomhum Ntsum Qoob Thao Society yog peb tsev Moob kws yog yawm Ntsum Qoob Thoj cov xeebleej xeeb ntxwv tsimtsaa lug sau hab nrhav peb tsev tuabneeg. Peb tub tsim tau lub koomhum Ntsum Qoob nuav thaus xyoo 1980 lawm. Yawm Tsaav Vaaj tau tsocai rua kuv (Xaivphaj) lug txheeb peb tsev tuabneeg ua ntu quas zug lug moog.

Tsi taag le ntawd xwb, kuv tub txheeb hab sau peb tsev tuabneeg tej keebkwm txij le thaus kuv nyavnyuas moog kawmntawv nyob Zog Xaas Thoos (Ban Sam Tong) xyoo 1965.

Tomqaab kaum (10) lub xyoo (1975) kws suavdlawg tsiv tawm Tebchaws Lostsuas lug nyob rua huv Lub Yeej Tuabneeg Thojnam Tawgrog Naam Phoos, Tebchaws Thaib (Thailand), kuv tau muab qha rua peb tsoom laug suavdlawg. Kuv txiv, Txaj Toog, nrug rua cov yawm hab cov txivntxawm coob leej tau pumzoo kuas kuv sau hab txheeb losis tshawbnrhav peb tsev tuabneeg ntxiv moog.

Kev sau hab txheeb peb tsev tuabneeg yog:

1. Txhua tug pujyawm hab xeebleej xeebtxwv kws yug rua huv tsev tuabneeg hab cov kws lug yuav ua peb tsev, peb yuavtsum nug hab nrhav kuas tau, txawm puab yuav moog nyob rua tebchaws twg, hab moog hloov ua xeem moob twg los xij.

2. Txhua tug mivtub mivnyuas (mivtub mivtxhais) kws yug nyob huv peb tsev tuabneeg, yog namtxiv tub tis npe rua nwg lawm, peb yuavtau suav txug taagnrho.

3. Txhua tug ntxhais nkaujmuam pujnyaaj kws yog peb tsev tuabneeg cov ntxhais kws tawm moog ua neej rua saab nrau (yusv quasyawg), nrug rua puab tug quasyawg, hab puab cov mivtub mivnyuas, peb yuav tau suav tuabsi.

4. Txhua tug ntxhais nkaujmuam pujnyaaj kws moog yuav quasyawg lawm, tabsi nwg lub neej tsi kawg ntsis, raug nwg tug quasyawg losis tsev tuabneeg muab tsotseg (muab nrauj), peb cov kwg yog neejnug yuavtau taugqaab moog paab hab cawm.

Vim suavdlawg txujkev nrhavnoj nrhajhaus lug yug lub cuab lub yig, hab ib leeg tau dlej tau num nyob rua ib qho, kev sau hab txheeb peb tsev tuabneeg txhaj le qeeb heev. Lub Koomhum Ntsum Qoob Thao Society tub tsim tsaa tau ntev tsaaj 40 lub xyoo. Kev sau keebkwm losis nrhav peb tsev tuabneeg tub ze ze ntawm 60 lub xyoo los tseem ua tsi tav.

Thov peb ib tsoom namtxiv pujyawm, cov namntxawm txivntxawm, cov kwv cov tij zaam txim. Kuv yeej mobsab hab kubsab quas lug lug sau hab lug nrhav losis lug txheeb peb tsev tuabneeg lawv le qhov kuv ua tau.

Thaus kawg, thov ua suavdlawg tsaug ntau ntau kws peb tsev tuabneeg tau koomteg hab txhawbnqaa losis tsosab rua kuv.

Ua Tsaug!

General disclaimer:

Due to the dynamics of our individual families, this book is an attempt to take a snapshot of a living document in a specific time space, knowing that at the time of this publication, it may have needed updating already. We apologize in advance if we failed (for one reason or another) to include the latest state of your particular family.

NTSUM QOOB THAO SOCIETY

19   80

999

MOOB

TABLE OF CONTENTS

NTSUM QOOB THAO SOCIETY

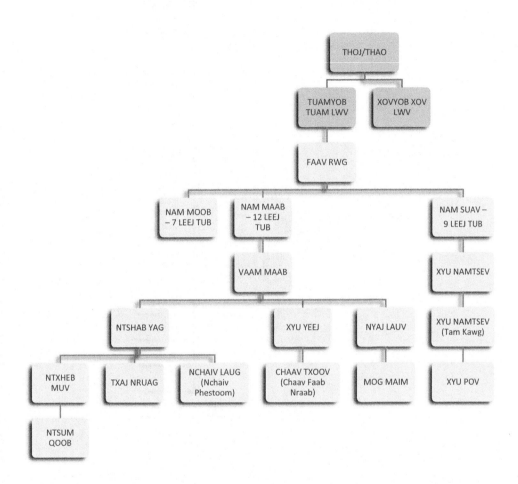

Puj Ntshab Yag coj nwg peb tug tub tsiv tawm Tebchaws Tuamtshoj (China) lug nyob rua Tebchaws Xovtshoj (Laos) kwvlaam yog xyoo 1650-1700.

Yawm Ntxheb Muv nrug rua nwg ob tug kwv (Yawm Txaj Nruag hab Yawm Nchaiv Laug) puab cov kwvtij tau tsiv lug nyob rua saab tebchaws Phav Kheb yog xyoo 1800-1850.

NTSUM QOOB THAO SOCIETY

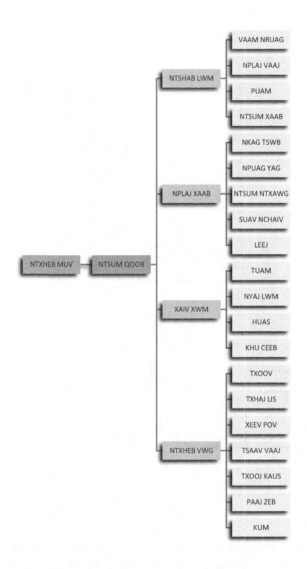

Yawm Ntsum Qoob nrug rua puab ib cuab kwvtij tau tsiv lug nyob rua tebchaws Phuv-Npum (Phou Ka Bo) Saab tebchaws Xeev (Xieng Khouang) kwvlaam yog xyoo 1850 txug ncua xyoo 1960.

NTSUM QOOB THAO SOCIETY

NTSHAB LWM

NTSUM QOOB THAO SOCIETY

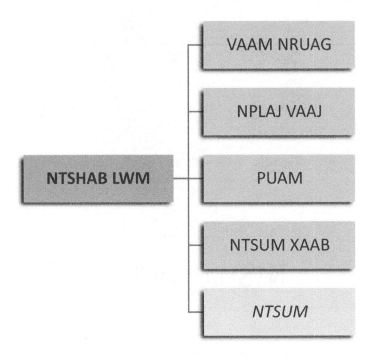

NTSUM QOOB THAO SOCIETY

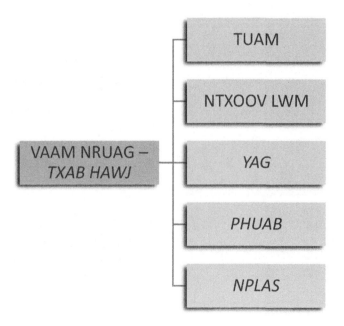

NTSUM QOOB THAO SOCIETY

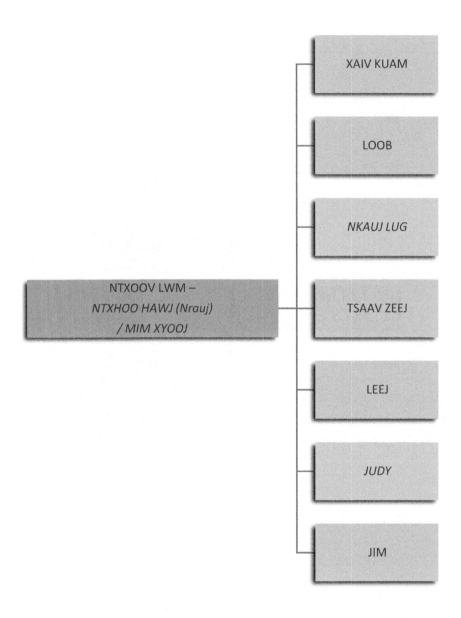

NTSUM QOOB THAO SOCIETY

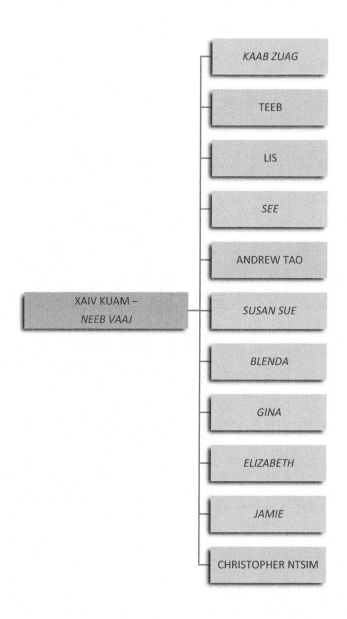

NTSUM QOOB THAO SOCIETY

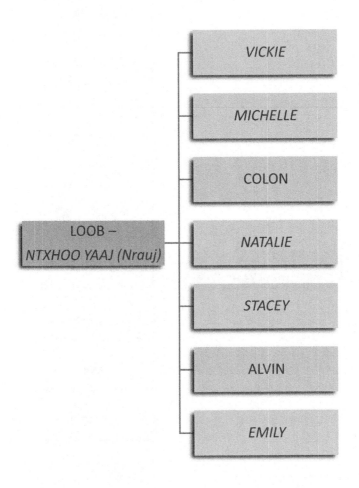

NTSUM QOOB THAO SOCIETY

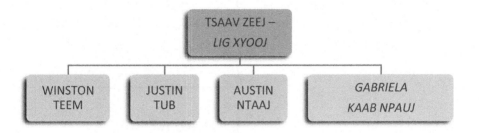

NTSUM QOOB THAO SOCIETY

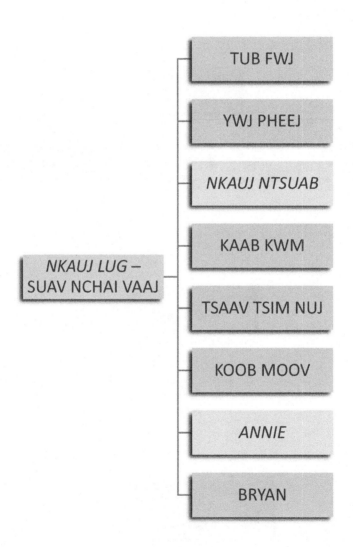

NTSUM QOOB THAO SOCIETY

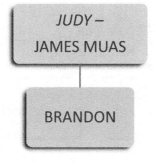

NTSUM QOOB THAO SOCIETY

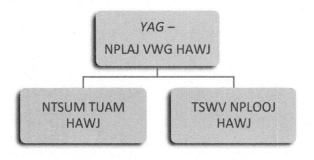

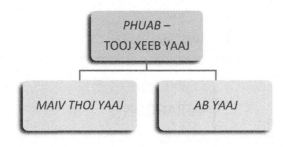

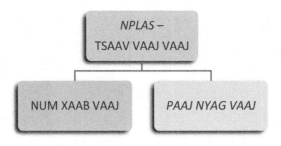

NTSUM QOOB THAO SOCIETY

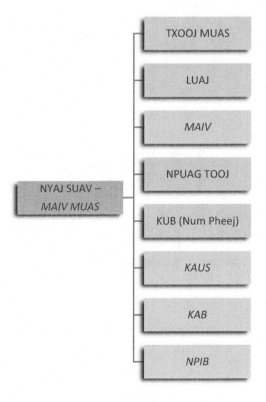

NPLAJ VAAJ – *NTXHOO XYOOJ*

NYAJ SUAV

NYAJ SUAV – *MAIV MUAS*

- TXOOJ MUAS
- LUAJ
- *MAIV*
- NPUAG TOOJ
- KUB (Num Pheej)
- *KAUS*
- *KAB*
- *NPIB*

(NPIB YUG HUV TSEV MOOB THOJ TABSI TSI YOG NYAJ SUAV TUG NTXHAIS. NPIB TXIV YOG PAJ YIAS XYOOJ).

NTSUM QOOB THAO SOCIETY

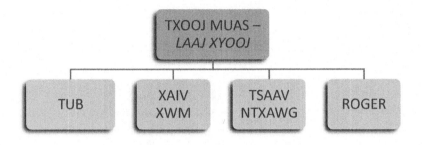

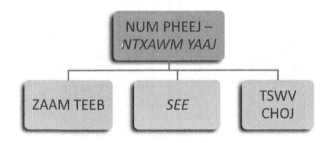

NTSUM QOOB THAO SOCIETY

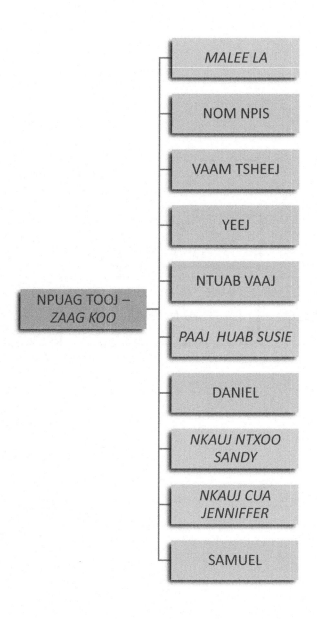

NPUAG TOOJ – ZAAG KOO

- MALEE LA
- NOM NPIS
- VAAM TSHEEJ
- YEEJ
- NTUAB VAAJ
- PAAJ HUAB SUSIE
- DANIEL
- NKAUJ NTXOO SANDY
- NKAUJ CUA JENNIFFER
- SAMUEL

NTSUM QOOB THAO SOCIETY

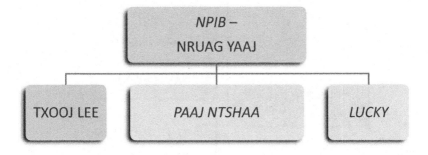

NTSUM QOOB THAO SOCIETY

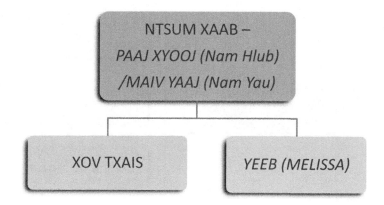

NTSUM XAAB –
PAAJ XYOOJ (Nam Hlub)
/MAIV YAAJ (Nam Yau)

XOV TXAIS

YEEB (MELISSA)

NTSUM QOOB THAO SOCIETY

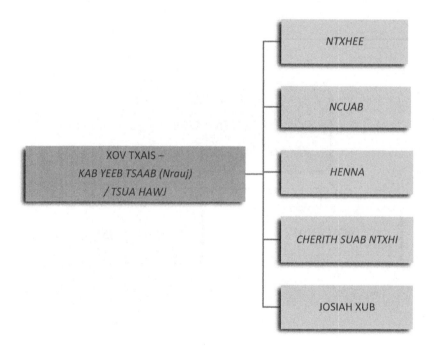

NTSUM QOOB THAO SOCIETY

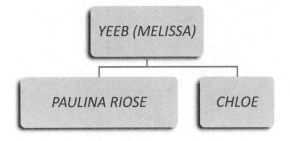

NTSUM QOOB THAO SOCIETY

NPLAJ XAAB

NTSUM QOOB THAO SOCIETY

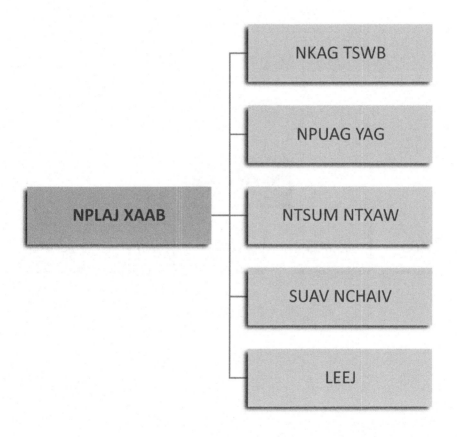

NTSUM QOOB THAO SOCIETY

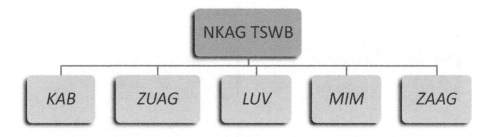

NTSUM QOOB THAO SOCIETY

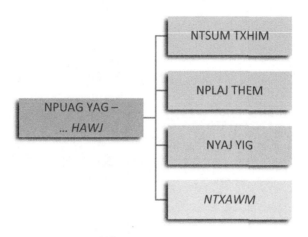

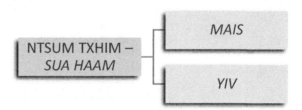

NTSUM QOOB THAO SOCIETY

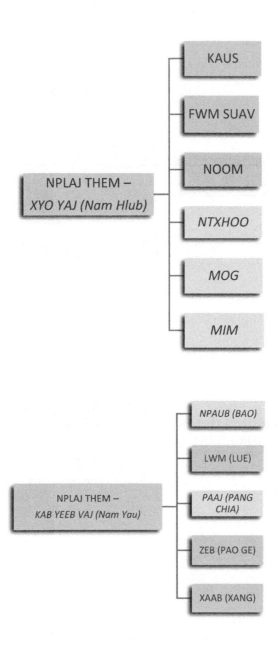

NTSUM QOOB THAO SOCIETY

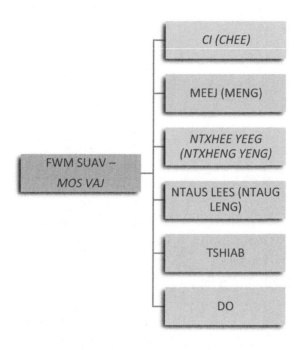

FWM SUAV – MOS VAJ
- CI (CHEE)
- MEEJ (MENG)
- NTXHEE YEEG (NTXHENG YENG)
- NTAUS LEES (NTAUG LENG)
- TSHIAB
- DO

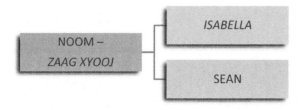

NOOM – ZAAG XYOOJ
- ISABELLA
- SEAN

NTSUM QOOB THAO SOCIETY

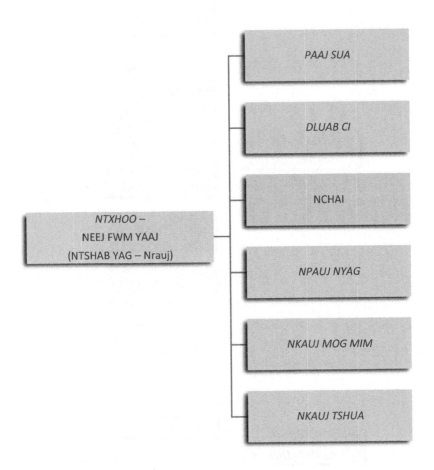

NTSUM QOOB THAO SOCIETY

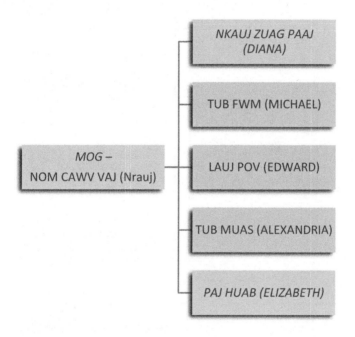

NTSUM QOOB THAO SOCIETY

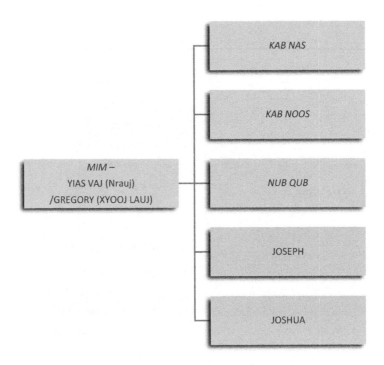

NTSUM QOOB THAO SOCIETY

NTSUM QOOB THAO SOCIETY

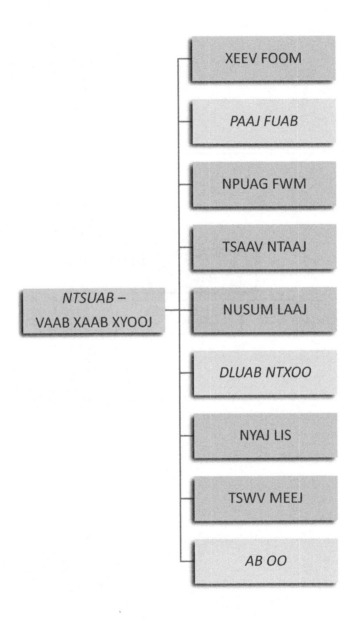

NTSUM QOOB THAO SOCIETY

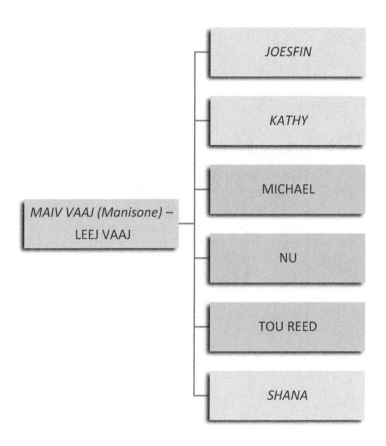

MAIV VAAJ (Manisone) –
LEEJ VAAJ

JOESFIN

KATHY

MICHAEL

NU

TOU REED

SHANA

NTSUM QOOB THAO SOCIETY

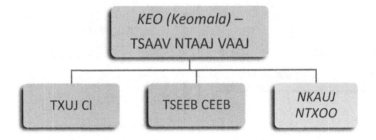

NTSUM QOOB THAO SOCIETY

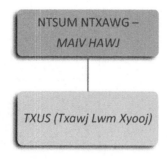

(Tomqaab Ntsum Ntxawg taag simneej, Nam tau coj tug tub Txus moog yuav txiv tsab lawm)

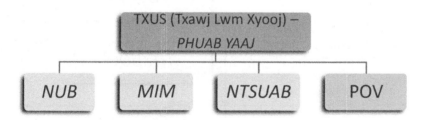

(TXAWJ LWM XYOOJ tug tub hab cov ntxhais nuav muaj 2 ceg kwjtij: Nwg yog Moob Xyooj hab Moob Thoj. Puab siv lub xeem Moob Xyooj lawm).

NTSUM QOOB THAO SOCIETY

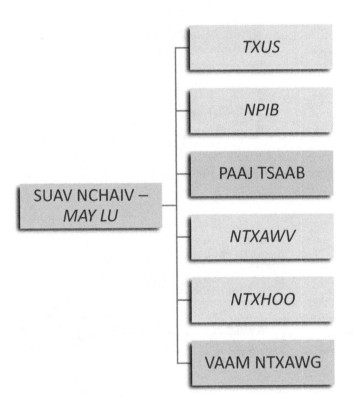

NTSUM QOOB THAO SOCIETY

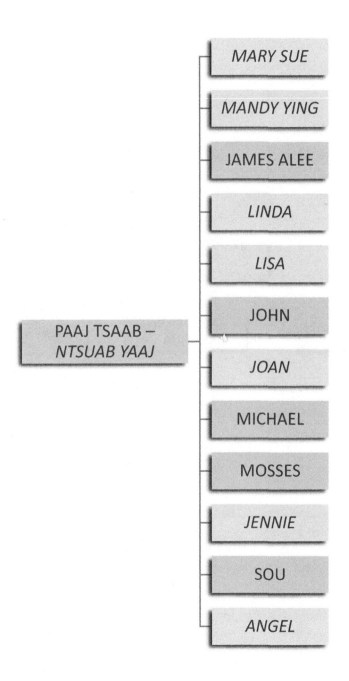

PAAJ TSAAB – *NTSUAB YAAJ*

- *MARY SUE*
- *MANDY YING*
- JAMES ALEE
- *LINDA*
- *LISA*
- JOHN
- *JOAN*
- MICHAEL
- MOSSES
- *JENNIE*
- SOU
- *ANGEL*

NTSUM QOOB THAO SOCIETY

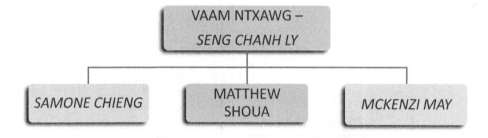

NTSUM QOOB THAO SOCIETY

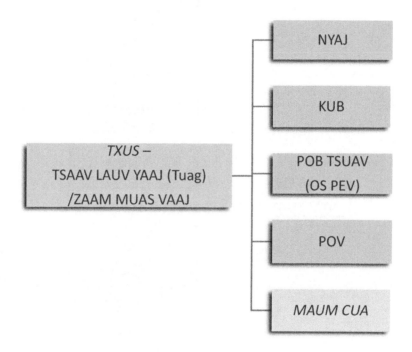

NTSUM QOOB THAO SOCIETY

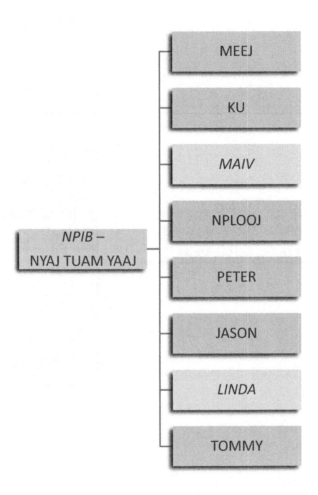

NTSUM QOOB THAO SOCIETY

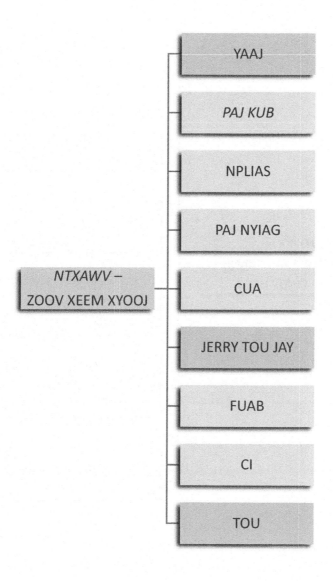

NTSUM QOOB THAO SOCIETY

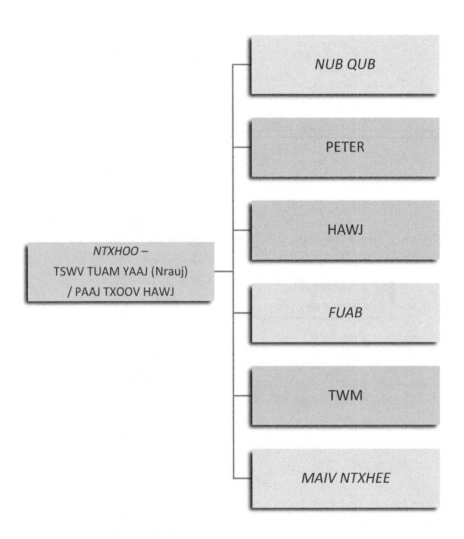

NTSUM QOOB THAO SOCIETY

XAIV XWM

NTSUM QOOB THAO SOCIETY

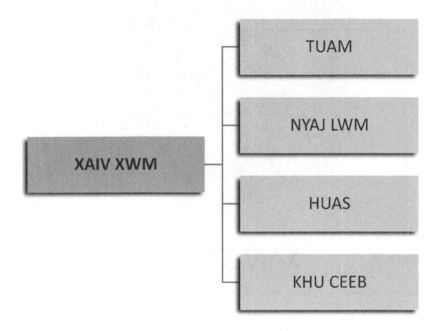

NTSUM QOOB THAO SOCIETY

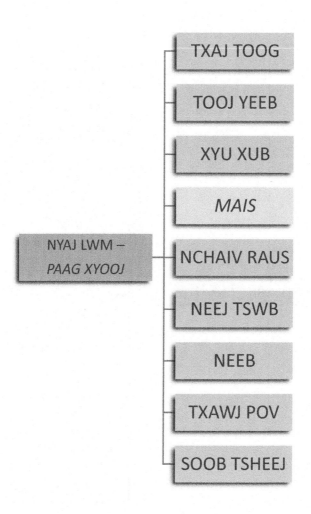

- TXAJ TOOG
- TOOJ YEEB
- XYU XUB
- *MAIS*
- NCHAIV RAUS
- NEEJ TSWB
- NEEB
- TXAWJ POV
- SOOB TSHEEJ

NYAJ LWM – *PAAG XYOOJ*

NTSUM QOOB THAO SOCIETY

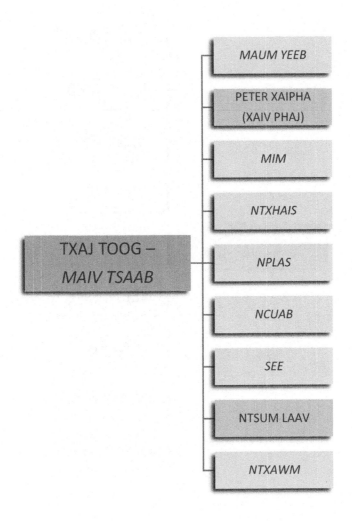

NTSUM QOOB THAO SOCIETY

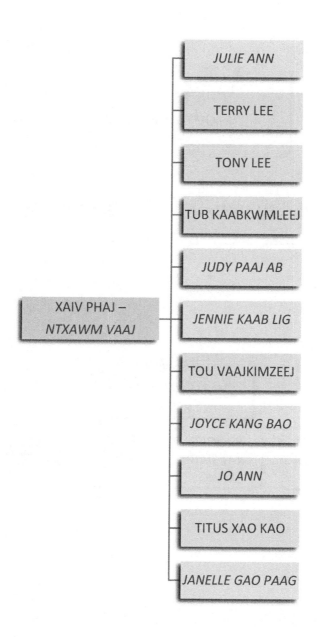

XAIV PHAJ – NTXAWM VAAJ

- JULIE ANN
- TERRY LEE
- TONY LEE
- TUB KAABKWMLEEJ
- JUDY PAAJ AB
- JENNIE KAAB LIG
- TOU VAAJKIMZEEJ
- JOYCE KANG BAO
- JO ANN
- TITUS XAO KAO
- JANELLE GAO PAAG

NTSUM QOOB THAO SOCIETY

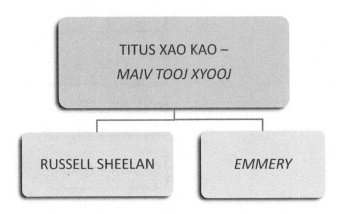

TITUS XAO KAO –
MAIV TOOJ XYOOJ

RUSSELL SHEELAN

EMMERY

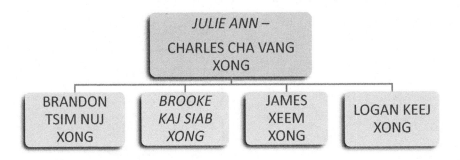

JULIE ANN –
CHARLES CHA VANG
XONG

BRANDON
TSIM NUJ
XONG

*BROOKE
KAJ SIAB
XONG*

JAMES
XEEM
XONG

LOGAN KEEJ
XONG

NTSUM QOOB THAO SOCIETY

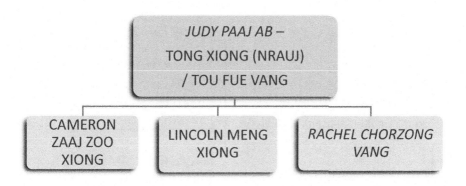

JUDY PAAJ AB –
TONG XIONG (NRAUJ)
/ TOU FUE VANG

CAMERON ZAAJ ZOO XIONG

LINCOLN MENG XIONG

RACHEL CHORZONG VANG

MALINA NTXHEE YEES VANG

KATINA GAO JOUA VANG

EVE LYNN GAO SHING VANG

A. J. COLIN CHANGHA VANG

SHYANNE GAO ZONG VANG

ARISTELLA HUAB MANOS ANDREA

JENNIE KAAB LIG –
LEE VANG (NRAUJ)
/ TONY ANDREA

NTSUM QOOB THAO SOCIETY

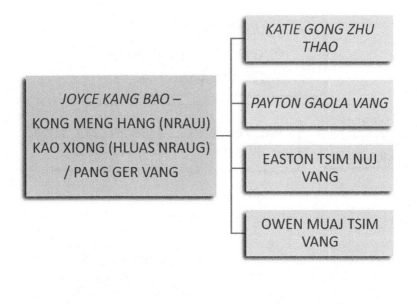

JOYCE KANG BAO –
KONG MENG HANG (NRAUJ)
KAO XIONG (HLUAS NRAUG)
/ PANG GER VANG

- KATIE GONG ZHU THAO
- PAYTON GAOLA VANG
- EASTON TSIM NUJ VANG
- OWEN MUAJ TSIM VANG

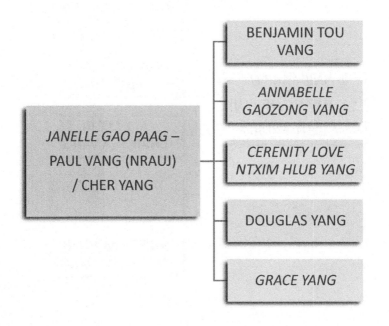

JANELLE GAO PAAG –
PAUL VANG (NRAUJ)
/ CHER YANG

- BENJAMIN TOU VANG
- ANNABELLE GAOZONG VANG
- CERENITY LOVE NTXIM HLUB YANG
- DOUGLAS YANG
- GRACE YANG

NTSUM QOOB THAO SOCIETY

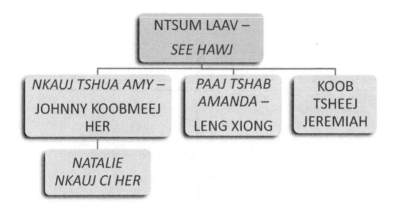

- NTSUM LAAV –
  - *SEE HAWJ*
  - *NKAUJ TSHUA AMY –* JOHNNY KOOBMEEJ HER
    - *NATALIE NKAUJ CI HER*
  - *PAAJ TSHAB AMANDA –* LENG XIONG
  - KOOB TSHEEJ JEREMIAH

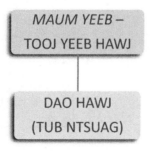

- *MAUM YEEB –* TOOJ YEEB HAWJ
  - DAO HAWJ (TUB NTSUAG)

NTSUM QOOB THAO SOCIETY

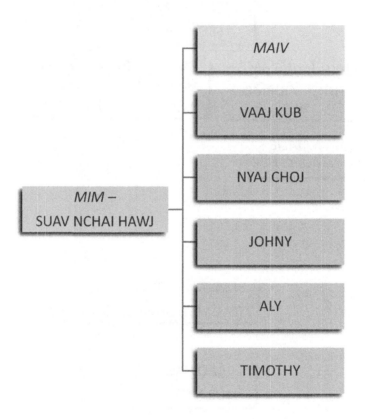

NTSUM QOOB THAO SOCIETY

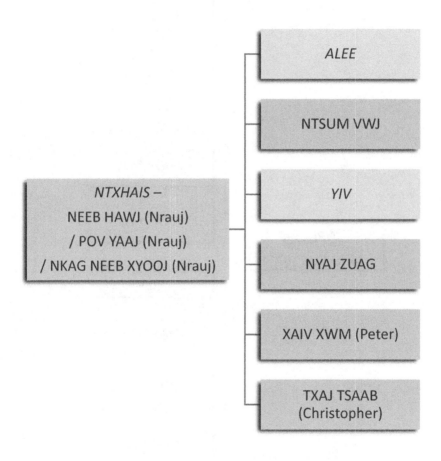

NTSUM QOOB THAO SOCIETY

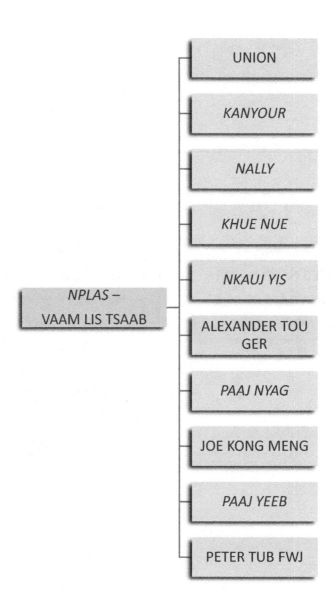

UNION

KANYOUR

NALLY

KHUE NUE

NKAUJ YIS

ALEXANDER TOU GER

PAAJ NYAG

JOE KONG MENG

PAAJ YEEB

PETER TUB FWJ

NPLAS –
VAAM LIS TSAAB

NTSUM QOOB THAO SOCIETY

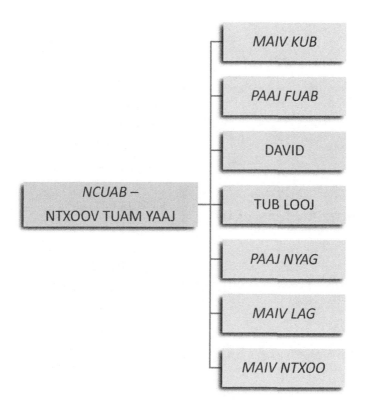

NTSUM QOOB THAO SOCIETY

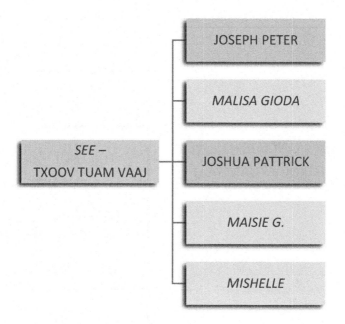

NTSUM QOOB THAO SOCIETY

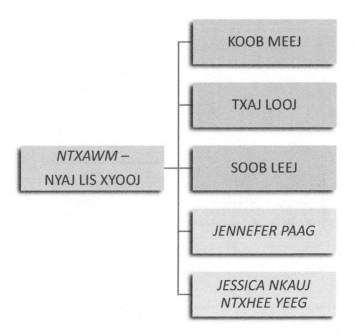

NTXAWM – NYAJ LIS XYOOJ

- KOOB MEEJ
- TXAJ LOOJ
- SOOB LEEJ
- *JENNEFER PAAG*
- *JESSICA NKAUJ NTXHEE YEEG*

NTSUM QOOB THAO SOCIETY

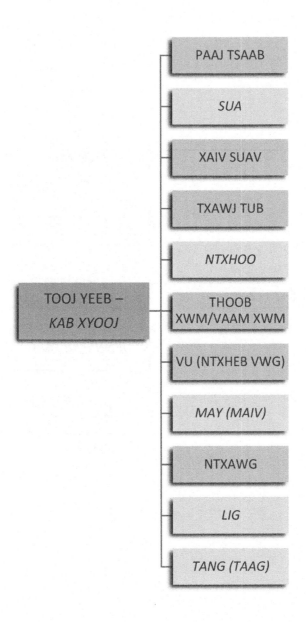

NTSUM QOOB THAO SOCIETY

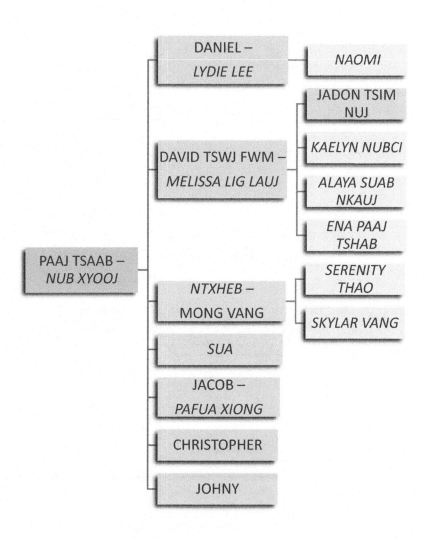

NTSUM QOOB THAO SOCIETY

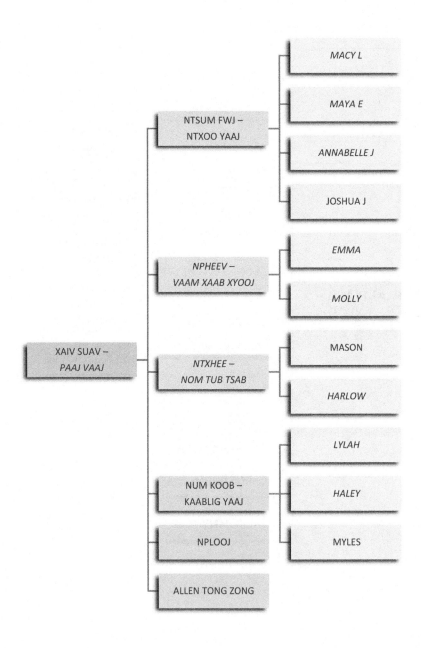

NTSUM QOOB THAO SOCIETY

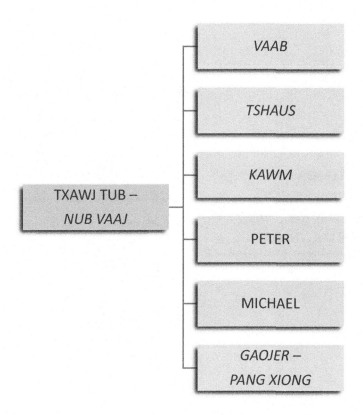

NTSUM QOOB THAO SOCIETY

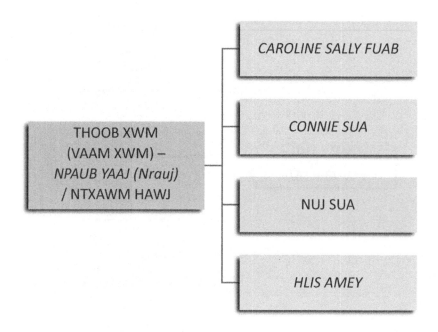

NTSUM QOOB THAO SOCIETY

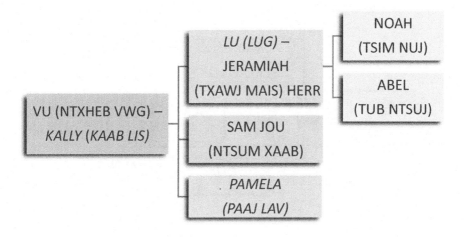

NTSUM QOOB THAO SOCIETY

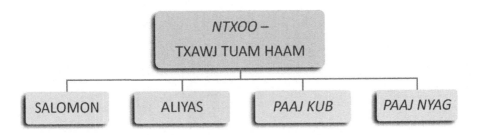

NTXOO – TXAWJ TUAM HAAM

- SALOMON
- ALIYAS
- *PAAJ KUB*
- *PAAJ NYAG*

MAY – CHERPAO LOR

- *JEMIE –* DAO THAO
- *MELISSA –* XENG KENG MOUA
- ALEXANDER – *LILY YANG*
  - YONA
  - ALEXANDER JR.
- TOMMY

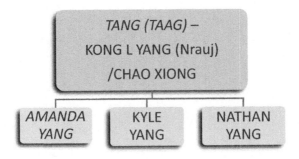

TANG (TAAG) – KONG L YANG (Nrauj) /CHAO XIONG

- *AMANDA YANG*
- KYLE YANG
- NATHAN YANG

NTSUM QOOB THAO SOCIETY

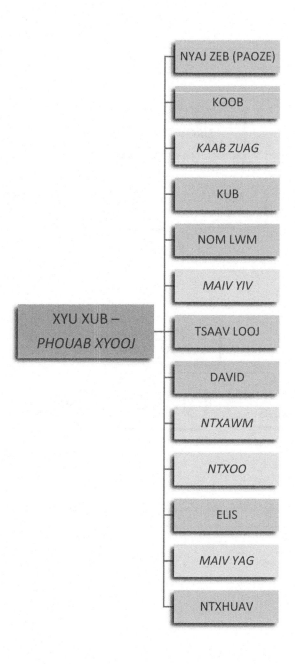

NTSUM QOOB THAO SOCIETY

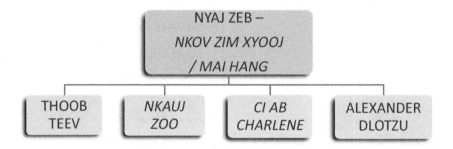

NYAJ ZEB –
NKOV ZIM XYOOJ
/ MAI HANG

THOOB
TEEV

*NKAUJ
ZOO*

*CI AB
CHARLENE*

ALEXANDER
DLOTZU

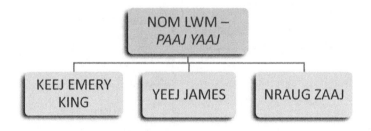

NOM LWM –
PAAJ YAAJ

KEEJ EMERY
KING

YEEJ JAMES

NRAUG ZAAJ

NTSUM QOOB THAO SOCIETY

TSAAV LOOJ –
SENG DUANG XYOOJ

| NUJ SUA JOHNATHAN | YUSETH MUAJTSHAAJ | *JUSMINE CHAMPA* | JAYLON MUAJ TSEEB |

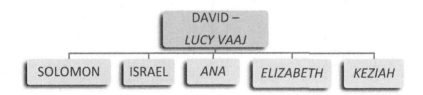

DAVID –
LUCY VAAJ

| SOLOMON | ISRAEL | *ANA* | *ELIZABETH* | *KEZIAH* |

NTXHUAV –
NTXHEE YEE VAJ

NTSUM QOOB THAO SOCIETY

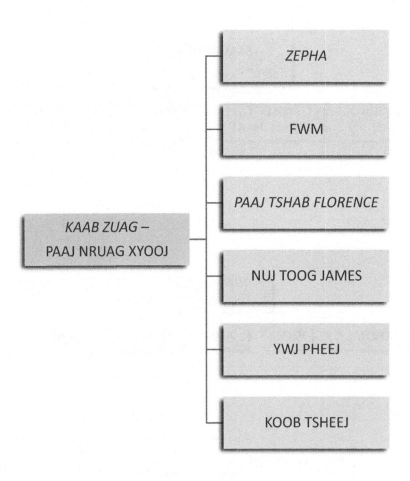

NTSUM QOOB THAO SOCIETY

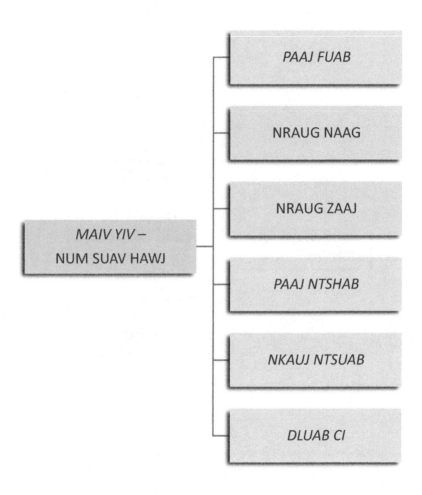

- PAAJ FUAB
- NRAUG NAAG
- NRAUG ZAAJ
- PAAJ NTSHAB
- NKAUJ NTSUAB
- DLUAB CI

MAIV YIV – NUM SUAV HAWJ

NTSUM QOOB THAO SOCIETY

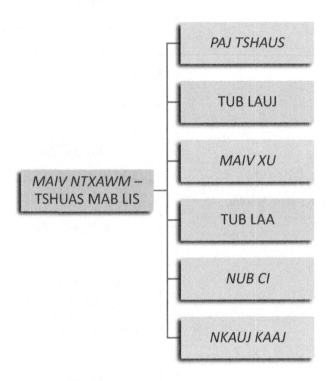

NTSUM QOOB THAO SOCIETY

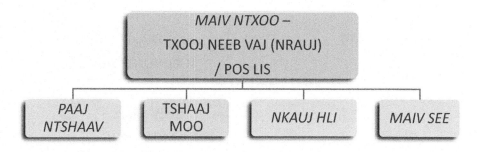

MAIV NTXOO –
TXOOJ NEEB VAJ (NRAUJ)
/ POS LIS

PAAJ NTSHAAV

TSHAAJ MOO

NKAUJ HLI

MAIV SEE

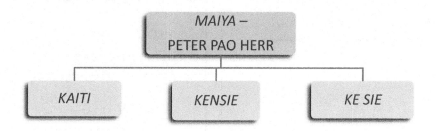

MAIYA –
PETER PAO HERR

KAITI

KENSIE

KE SIE

NTSUM QOOB THAO SOCIETY

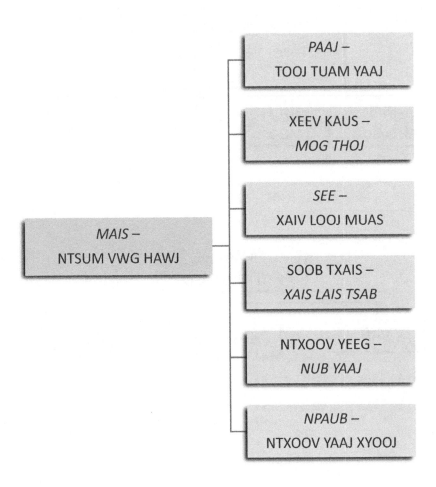

MAIS –
NTSUM VWG HAWJ

PAAJ –
TOOJ TUAM YAAJ

XEEV KAUS –
MOG THOJ

SEE –
XAIV LOOJ MUAS

SOOB TXAIS –
XAIS LAIS TSAB

NTXOOV YEEG –
NUB YAAJ

NPAUB –
NTXOOV YAAJ XYOOJ

NTSUM QOOB THAO SOCIETY

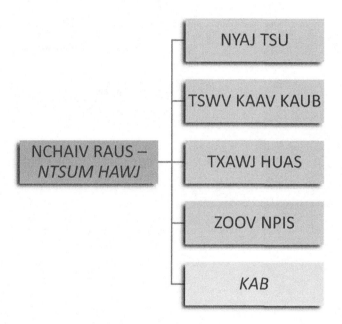

NTSUM QOOB THAO SOCIETY

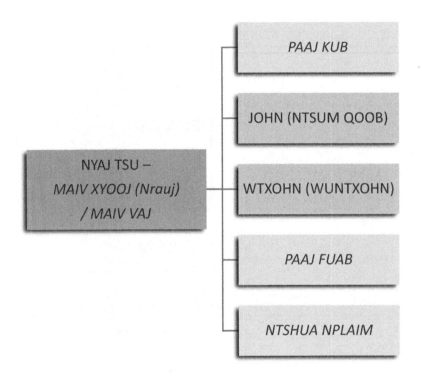

NTSUM QOOB THAO SOCIETY

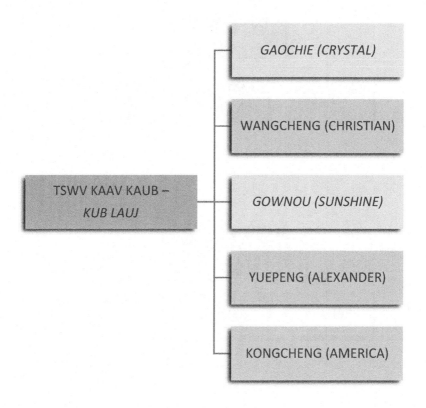

TSWV KAAV KAUB – *KUB LAUJ*

GAOCHIE (CRYSTAL)

WANGCHENG (CHRISTIAN)

GOWNOU (SUNSHINE)

YUEPENG (ALEXANDER)

KONGCHENG (AMERICA)

NTSUM QOOB THAO SOCIETY

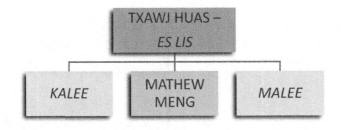

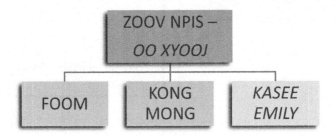

NTSUM QOOB THAO SOCIETY

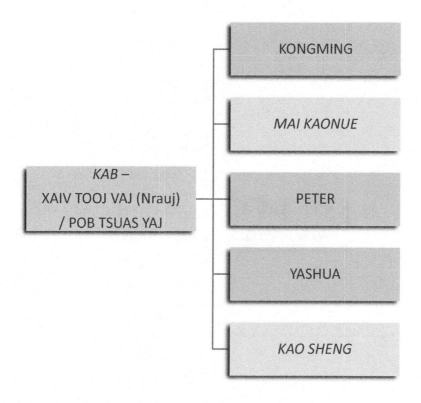

KONGMING

MAI KAONUE

KAB –
XAIV TOOJ VAJ (Nrauj)
/ POB TSUAS YAJ

PETER

YASHUA

KAO SHENG

NTSUM QOOB THAO SOCIETY

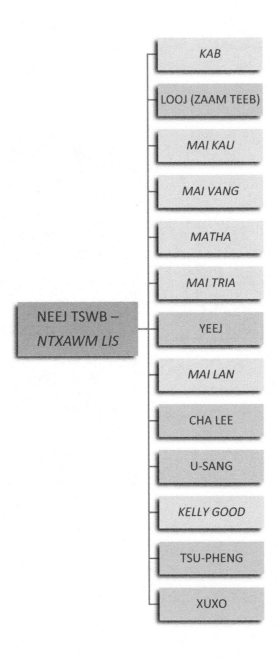

NEEJ TSWB –
NTXAWM LIS

- *KAB*
- LOOJ (ZAAM TEEB)
- *MAI KAU*
- *MAI VANG*
- *MATHA*
- *MAI TRIA*
- YEEJ
- *MAI LAN*
- CHA LEE
- U-SANG
- *KELLY GOOD*
- TSU-PHENG
- XUXO

NTSUM QOOB THAO SOCIETY

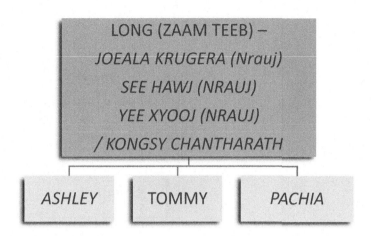

LONG (ZAAM TEEB) –
JOEALA KRUGERA (Nrauj)
SEE HAWJ (NRAUJ)
YEE XYOOJ (NRAUJ)
/ KONGSY CHANTHARATH

ASHLEY | TOMMY | *PACHIA*

CHA LEE –
AMANDA CHAVEZ-THAO

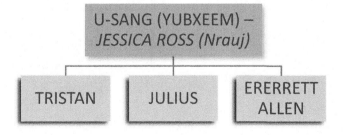

U-SANG (YUBXEEM) –
JESSICA ROSS (Nrauj)

TRISTAN | JULIUS | ERERRETT ALLEN

NTSUM QOOB THAO SOCIETY

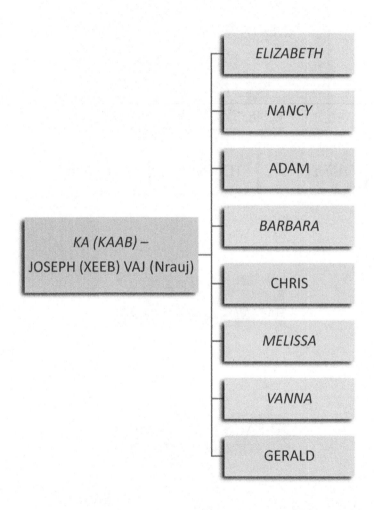

KA (KAAB) –
JOSEPH (XEEB) VAJ (Nrauj)

- ELIZABETH
- NANCY
- ADAM
- BARBARA
- CHRIS
- MELISSA
- VANNA
- GERALD

NTSUM QOOB THAO SOCIETY

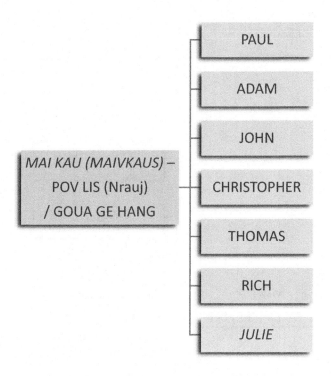

NTSUM QOOB THAO SOCIETY

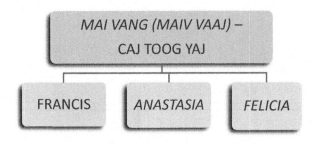

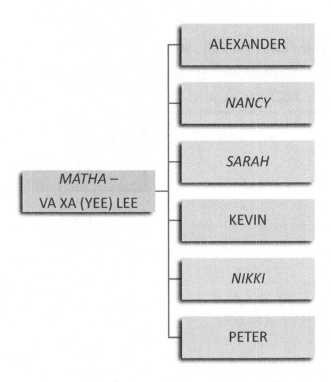

NTSUM QOOB THAO SOCIETY

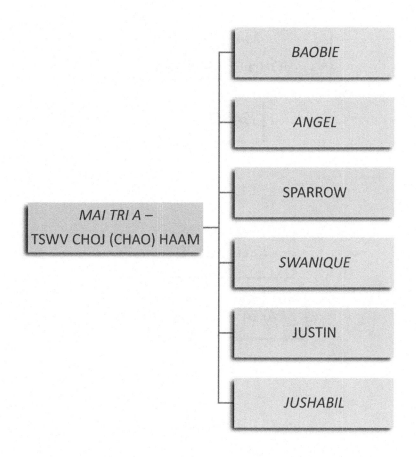

NTSUM QOOB THAO SOCIETY

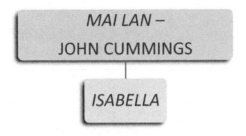

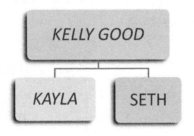

NTSUM QOOB THAO SOCIETY

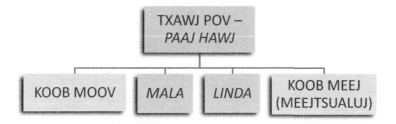

TXAWJ POV –
PAAJ HAWJ

KOOB MOOV — *MALA* — *LINDA* — KOOB MEEJ (MEEJTSUALUJ)

KOOB MOOV –
CI AB KHAAB

SEHAH SUABNKOVVZIM — *ZANNA NKAUJ NTSE*

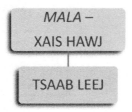

MALA –
XAIS HAWJ

TSAAB LEEJ

NTSUM QOOB THAO SOCIETY

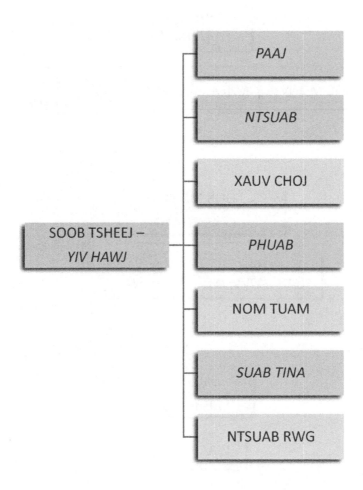

NTSUM QOOB THAO SOCIETY

XAUV CHOJ –

YIV XYOOJ

JESABELLE GAOZHONG

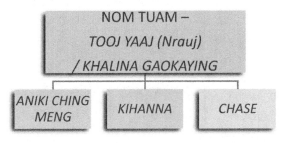

NOM TUAM –

TOOJ YAAJ (Nrauj)

/ KHALINA GAOKAYING

ANIKI CHING MENG   *KIHANNA*   *CHASE*

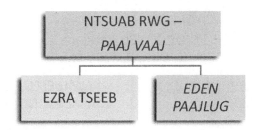

NTSUAB RWG –

PAAJ VAAJ

EZRA TSEEB   *EDEN PAAJLUG*

NTSUM QOOB THAO SOCIETY

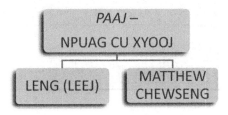

PAAJ –
NPUAG CU XYOOJ

LENG (LEEJ)

MATTHEW CHEWSENG

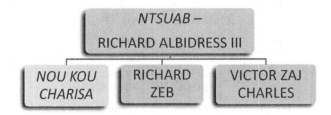

NTSUAB –
RICHARD ALBIDRESS III

NOU KOU CHARISA

RICHARD ZEB

VICTOR ZAJ CHARLES

SUAB TINA –
HUAS YAAJ (Nrauj)
/ TXOOG YEEG XYOOJ

ALISEMON TUB YWJPHEEJ YANG

ANNABELLE MALAE XIONG

NTSUM QOOB THAO SOCIETY

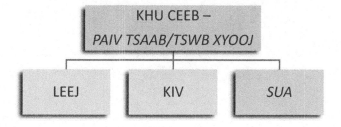

NTSUM QOOB THAO SOCIETY

NTXHEB VWG

NTSUM QOOB THAO SOCIETY

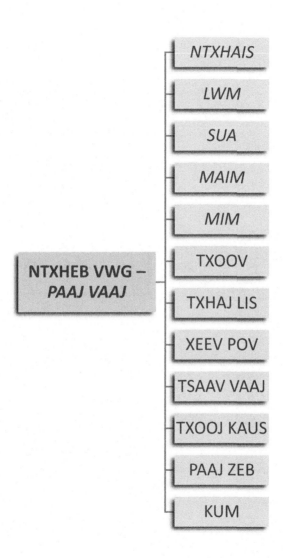

NTSUM QOOB THAO SOCIETY

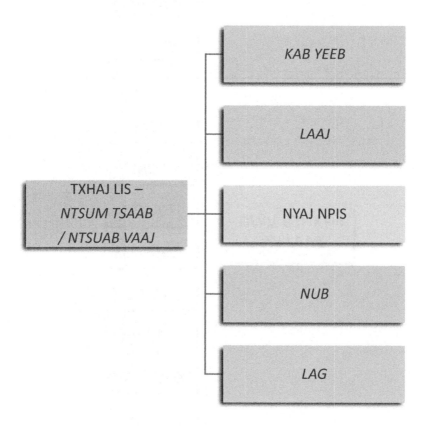

NTSUM QOOB THAO SOCIETY

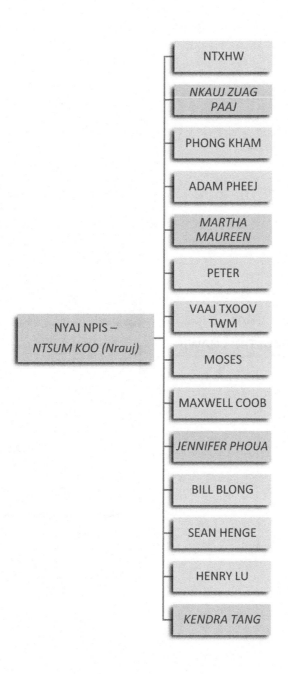

NYAJ NPIS –

NTSUM KOO (Nrauj)

- NTXHW
- *NKAUJ ZUAG PAAJ*
- PHONG KHAM
- ADAM PHEEJ
- *MARTHA MAUREEN*
- PETER
- VAAJ TXOOV TWM
- MOSES
- MAXWELL COOB
- *JENNIFER PHOUA*
- BILL BLONG
- SEAN HENGE
- HENRY LU
- *KENDRA TANG*

NTSUM QOOB THAO SOCIETY

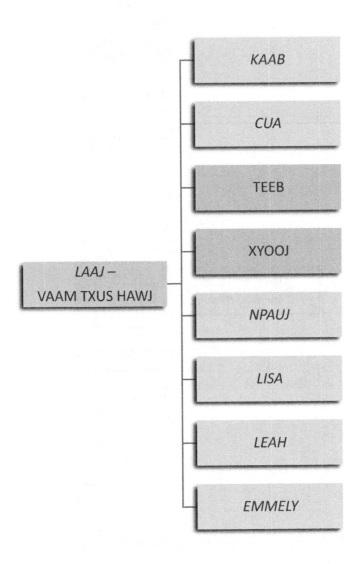

KAAB

CUA

TEEB

XYOOJ

LAAJ –
VAAM TXUS HAWJ

NPAUJ

LISA

LEAH

EMMELY

NTSUM QOOB THAO SOCIETY

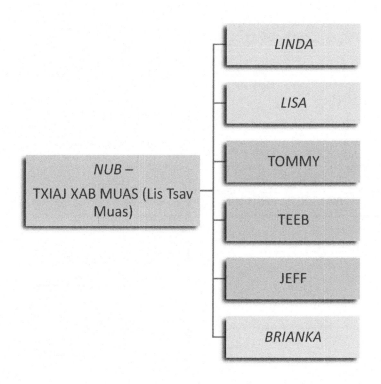

NTSUM QOOB THAO SOCIETY

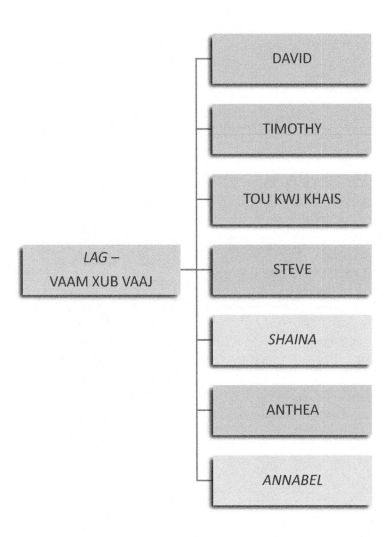

NTSUM QOOB THAO SOCIETY

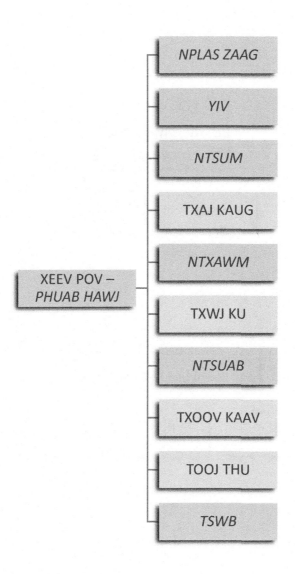

NTSUM QOOB THAO SOCIETY

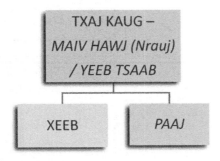

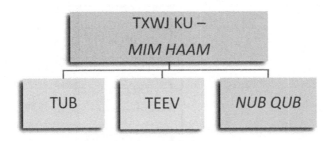

NTSUM QOOB THAO SOCIETY

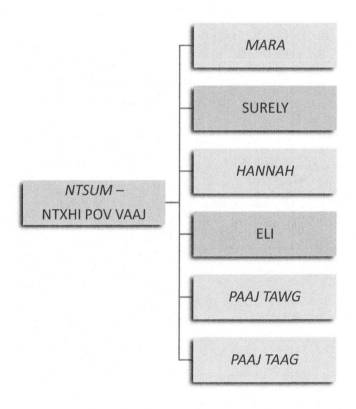

NTSUM QOOB THAO SOCIETY

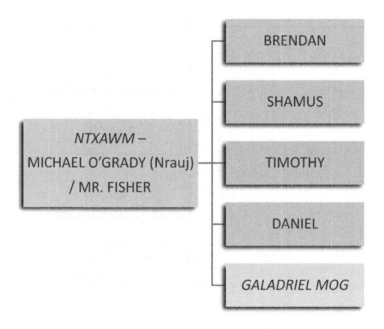

NTSUM QOOB THAO SOCIETY

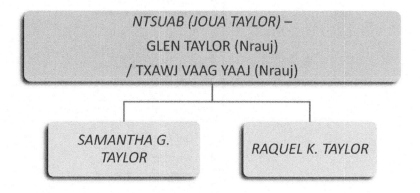

NTSUAB (JOUA TAYLOR) –
GLEN TAYLOR (Nrauj)
/ TXAWJ VAAG YAAJ (Nrauj)

SAMANTHA G. TAYLOR

RAQUEL K. TAYLOR

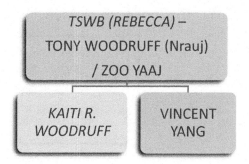

TSWB (REBECCA) –
TONY WOODRUFF (Nrauj)
/ ZOO YAAJ

KAITI R. WOODRUFF

VINCENT YANG

NTSUM QOOB THAO SOCIETY

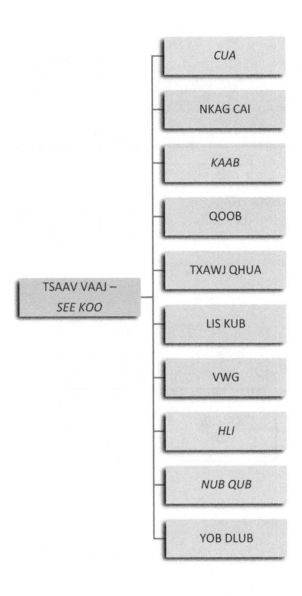

NTSUM QOOB THAO SOCIETY

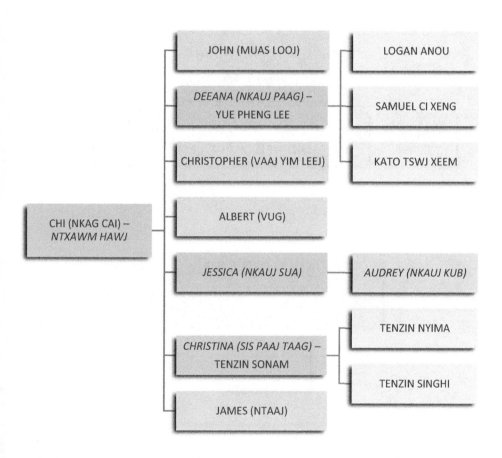

NTSUM QOOB THAO SOCIETY

KHOUA (TXAWJ QHUA) – *SWEE-HUAN*

AMANDA (SUAV)

ANGELA (CUA) – CODY LINDSTED (XUB-LAIM)

JONATHAN (TSEEB VAAJ)

YOUA DOU (YOB DLUB) – *NKAUJ NTXAWM LIS (Nrauj)* */ DAWB VAJ (Nrauj)*

ALEXI

NTSUM QOOB THAO SOCIETY

NTSUM QOOB THAO SOCIETY

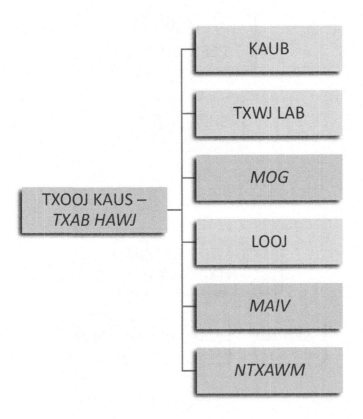

NTSUM QOOB THAO SOCIETY

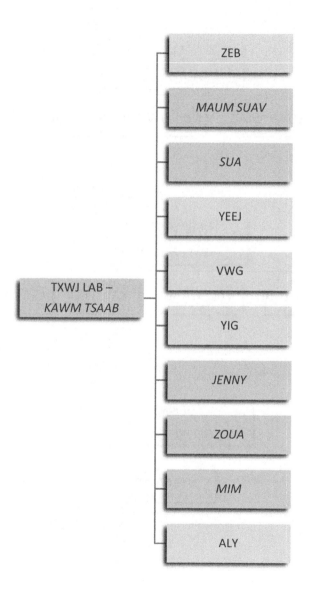

NTSUM QOOB THAO SOCIETY

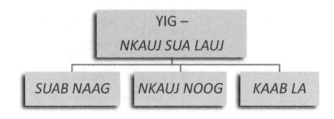

YIG –
NKAUJ SUA LAUJ

SUAB NAAG | NKAUJ NOOG | KAAB LA

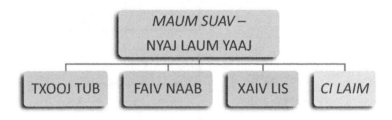

MAUM SUAV –
NYAJ LAUM YAAJ

TXOOJ TUB | FAIV NAAB | XAIV LIS | CI LAIM

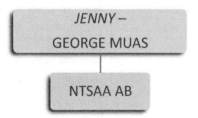

JENNY –
GEORGE MUAS

NTSAA AB

NTSUM QOOB THAO SOCIETY

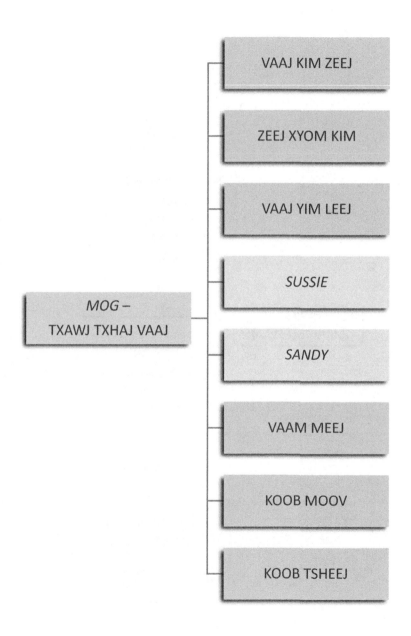

NTSUM QOOB THAO SOCIETY

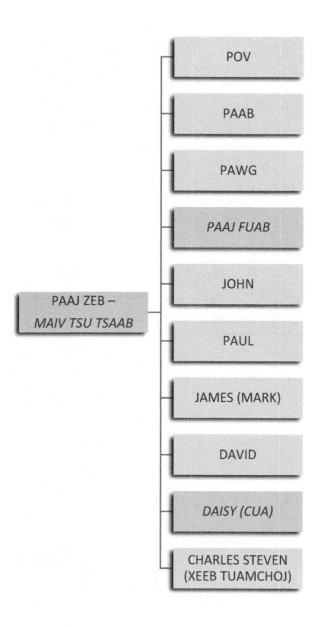

PAAJ ZEB –
MAIV TSU TSAAB

POV

PAAB

PAWG

PAAJ FUAB

JOHN

PAUL

JAMES (MARK)

DAVID

DAISY (CUA)

CHARLES STEVEN
(XEEB TUAMCHOJ)

NTSUM QOOB THAO SOCIETY

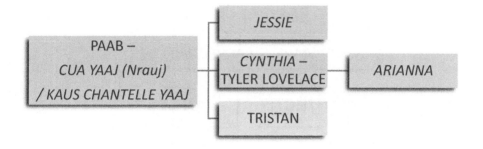

PAAB –
CUA YAAJ (Nrauj)
/ KAUS CHANTELLE YAAJ

JESSIE

CYNTHIA –
TYLER LOVELACE

ARIANNA

TRISTAN

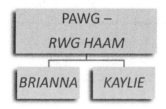

PAWG –
RWG HAAM

BRIANNA   KAYLIE

NTSUM QOOB THAO SOCIETY

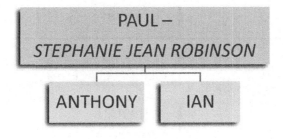

PAUL –

STEPHANIE JEAN ROBINSON

ANTHONY · IAN

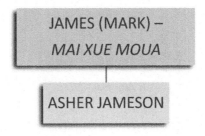

JAMES (MARK) –

MAI XUE MOUA

ASHER JAMESON

NTSUM QOOB THAO SOCIETY

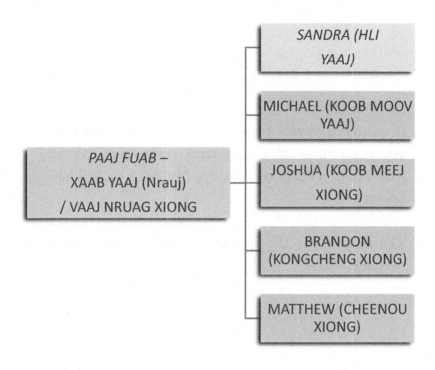

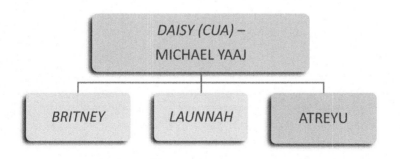

NTSUM QOOB THAO SOCIETY

Be in touch:
If you would like to get in touch with someone, ask questions, or for general discussion, please follow our Facebook Group, Ntsum Qoob Thao Society.

Thank you for the interest in our rich ancestral heritage.